Liebe Eltern,

jedes Kind ist anders. Manche Kinder kennen bereits alle Buchstaben in der Vorschule und können sie zu Wörtern formen. Andere lernen das Abc in der Schule. Für das spätere Leseverhalten ist es jedoch völlig unerheblich, wann die Kinder das Alphabet meistern. Wichtig aber ist der Spaß am Lesen – von Anfang an. Deshalb ist das Bücherbär-Erstleserprogramm konzeptionell auf die Fähigkeiten und Bedürfnisse der Kinder abgestimmt.

Dieses Buch richtet sich an Kinder im Vorschulalter. Die Namenwörter wurden durch Bilder ersetzt, wodurch auch Kinder »mitlesen« können, die das Abc noch nicht gelernt haben. Das macht neugierig und Lust auf mehr. Zusätzlich regen Rätsel am Ende des Buches zum Gespräch über die Geschichte an. Denn Kinder, die viel Gelegenheit zum Sprechen haben, lernen auch schneller lesen.

Ihr Bücherbär

Empfohlen von *westermann*

Stefanie Dahle

Glückspost für die kleine Eule

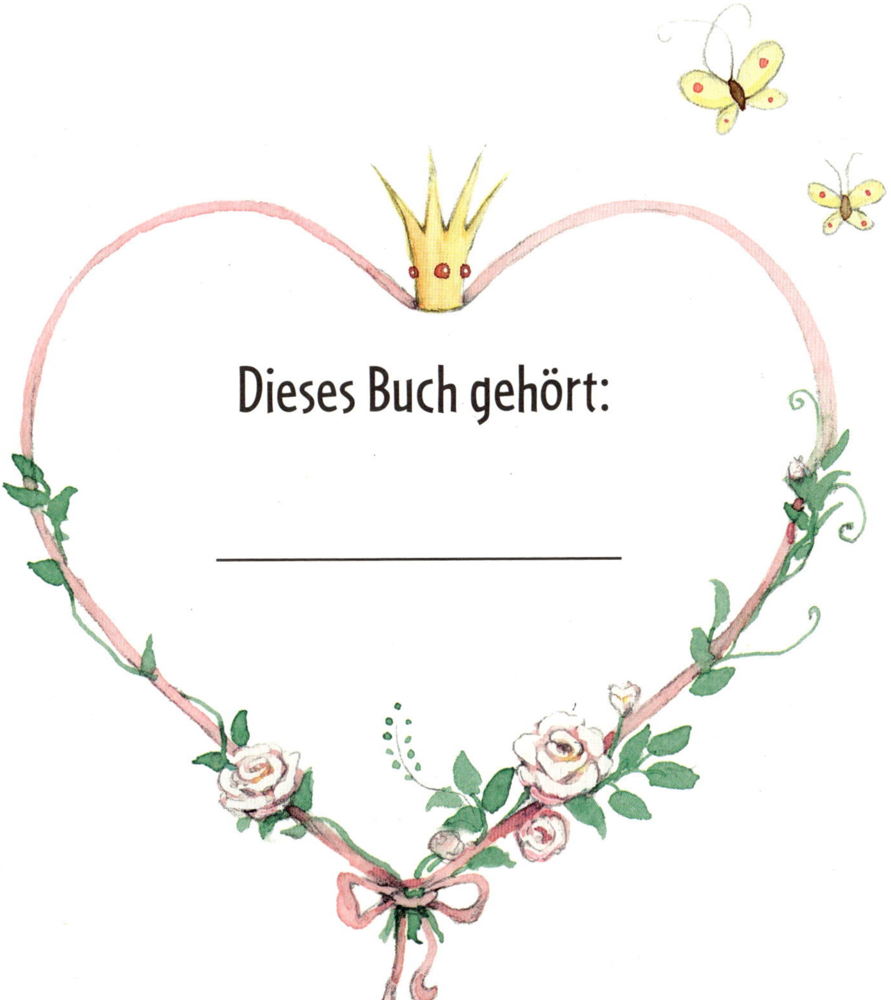

Dieses Buch gehört:

_____

Stefanie Dahle
wurde 1981 in Schwerin geboren und hat schon als Kind viele Stunden damit verbracht, Bilderbücher anzuschauen oder Zimmerwände zu bemalen. An der HAW Hamburg hat sie dann Illustration studiert – und gestaltet heute selbst fantasievolle und wunderschöne Bilderbuchwelten, in die man sich stundenlang hineinträumen kann. Seit 2007 arbeitet sie exklusiv für den Arena Verlag.

Ein Verlag der *westermann* GRUPPE

1. Auflage 2022
© 2018 Arena Verlag GmbH
Rottendorfer Straße 16, 97074 Würzburg
Alle Rechte vorbehalten
Einband und Illustrationen von Stefanie Dahle
Gesamtherstellung: Westermann Druck Zwickau GmbH
ISBN 978-3-401-71858-3

Besuche den Arena Verlag im Netz:
www.arena-verlag.de

Stefanie Dahle

Rosa Rosenherz

Glückspost für die kleine Eule

Mit Fragen zum Leseverständnis

Ein Geschenk für Wanda

Das ist Prinzessin Rosa Rosenherz .

Sie lebt in einem 🏰.

👸 macht gerne andere glücklich.

Dazu setzt sie ihre 👓 auf

und sieht einem ins .

„Wem machst du heute ein ?",

fragt Ella 🐢, die Rosenschildkröte.

„Ich möchte der Eule Wanda

ein   schicken",

antwortet  und gibt  einen .

 liest abends doch immer

den  im  vor."

Kater Kuschelweich  fragt schnurrend:

„Welches  willst du  schicken?"

 überlegt und geht zum  + .

Was könnte  gefallen?

Ein  mit ,  oder ?

„Schau doch einfach durch deine 👓",

schlägt 🐢 vor. „Dann siehst du bestimmt,

was 🦉 sich wünscht."

„Gute 💡 👧!", lächelt 👸.

Aber wo ist die 👓?

 sucht im  mit dem .

 sucht unter dem .

 fragt ihre drei kleinen Firlefanzen .

Doch die  finden sie nicht.

„Wir schicken  einfach das

mit den  ", sagt .

„Das mag eine  bestimmt!"

 packt das  ein

und bindet es an einen .

 und  laufen zum .

Die  scheint, und die  zwitschern.

,   und  schließen

verträumt die . Wie schön es heute ist!

Endlich lässt  den  für  los.

Plötzlich miaut  :

„Oh nein! ! Halte den  fest!

Deine  hängt an dem  für !"

Aber es ist zu spät! Der  fliegt schon

der  entgegen.

Die drei  kichern.

Die Blumenfee

 zittern die 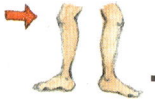.

 „ , wir müssen die  zurückholen!"

 hüpft zur .

„Schnell, der ist schon über

den !"

 nimmt die frechen

auf den  und rennt hinaus zur .

Schnell hüpfen alle in die .

Der  schwebt über den

hinüber zur großen .

„Los, Flöckchen , lauf!", ruft .

Die   rumpelt los.

Plötzlich hängt der

in einem  🌳 fest.

„Da oben!", miaut 🐱.

Alle springen hastig aus der 🐴🚃.

„Wie kommen wir dahinauf?",

überlegt 🐢.

„Wir haben keine 🪜!"

 rafft ihr 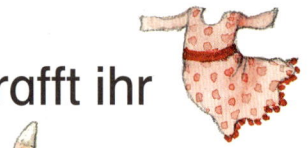 und klettert los.

 miaut besorgt:

„Eine  klettert doch nicht auf !"

 hält sich die  zu.

Der 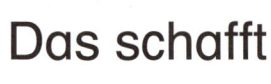 ist viel zu hoch.

Das schafft  nicht!

Plötzlich ertönt .

Die Blumenfee Flora

streift über die .

„Ist die niedlich!", flüstert .

 murrt: „Diesen  kann man nicht trauen!"

 schnurrt: „Aber sie singt schön!"

 hüpft zu  und hält ihm

eine saftige  hin.

Hm! Lecker!  frisst die .

Dann fängt  an zu kichern.

 schaut verstohlen zu .

 faucht.

Da lässt  ihre  fallen

und hüpft über die  davon.

 klettert vom .

„! Friss das nicht!

Die  sind verzaubert. Davon kitzelt

es im  und man muss lachen."

Doch  kaut weiter.

Die   hüpfen aufgeregt herum.

 stampft fröhlich lachend

mit den .

Der  erzittert.

Es regnet .

Da kommt der 🎈 frei und fliegt

samt 📕 und 👓 weiter.

"! Los, hinterher!", ruft .

Bei Mama Hamster

Im  lebt Mama Hamster .

Plötzlich wackelt ihr . Nanu?

 schaut verwundert nach oben:

„Hoppla! Ist das ein ?"

Das  für  hat sich

am  verfangen.

Die  hält schlitternd an.

 kichert immer noch.

 und die anderen ducken sich

ins hohe 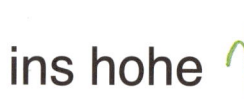.

„Sie nimmt das !", flüstert .

Aber  zupft nur die

vom  und hängt sie

an einen  wie eine .

„Was soll das werden?", raunt .

 holt weiches grünes .

Das  legt sie in die .

„Sie baut ein  für ihre ",

jammert .

 kneift ratlos die  zu.

 schaukelt die  in der  .

Da fegt ein  durch den .

Der  wackelt.

Plötzlich rutscht die ab.

Die  fallen aus ihren .

 bleibt fast das stehen.

Wie ein  saust

unter den .

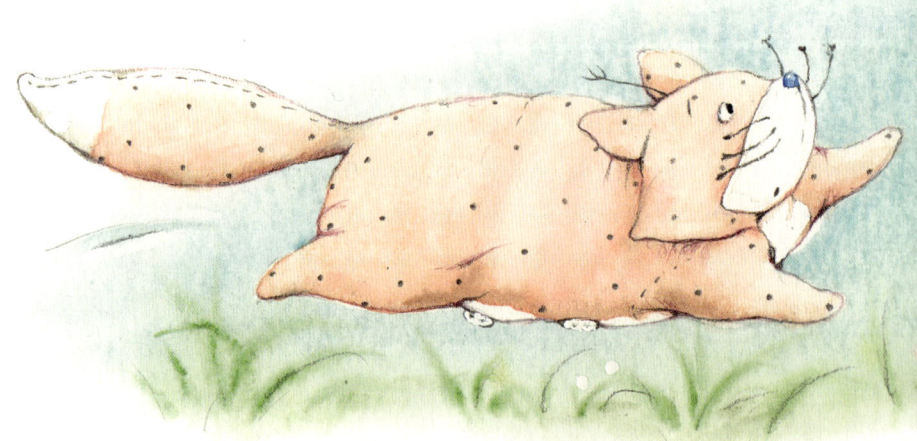

Die  plumpsen auf seinen weichen .

 zittern die .

Sie fällt 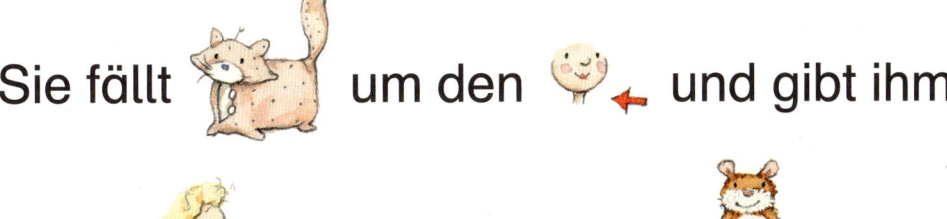 um den und gibt ihm einen . „Danke!", schnieft .

beugt sich vorsichtig über die .

„Ich wollte nur eine  bauen!", klagt .

 lächelt: „Endlich habe ich

meine   wieder!"

Doch  hört gar nicht zu.

Sie hopst wütend zum  empor.

Der  ist weg.

„Nicht doch!", stöhnt .

 schluchzt: „Ich werde

meine  nie zurückbekommen!"

Sie holt ein  aus ihrem

und betupft ihre .

Schon geht die  unter.

 und  wollen  trösten:

„Bis zu  ist es nicht mehr weit."

 schenkt  das 📖.

„Hier! Mach daraus eine neue 🪅."

Zu Besuch bei Wanda

 wohnt im  in einem hohlen .

 klingelt an der .

Drinnen schuhut es.

Aber  öffnet nicht.

Die  klopfen an das .

Endlich geht die  auf.

„Potz !", staunt .

 trägt die  von .

Sie hängt schief auf ihrem .

„Hallo, !", schuhut .

„Schick, was? Danke für dein tolles !"

 serviert  und .

Doch  isst nichts.

 flüstert: „Sie ist ganz grün im ."

„Bist du krank?", fragt  besorgt.

 schüttelt stumm den .

 kocht eine  heißen .

Dann trägt sie die kranke  zum .

 stupst  an und deutet

auf die 👓.

„Soll ich dir aus dem  vorlesen?",

fragt .

„Ja, ich mag  wirklich gerne!",

meint  matt.

 rollt mit den  und schmiegt sich

wie ein  an .

 liest und  schließt die  .

„Schläft sie?", flüstert .

„, schnell! Nimm dir die !",

zischt .

 stöhnt und reißt sich die

vom : „Ich kann nicht mehr!

Ich sehe nur noch !

Mir ist schwindelig wie auf einem .

, bist du mir böse,

wenn ich die  zurückgebe?"

 grinst und drückt die  an sich.

„Nicht die  !"

Sofort geht es  besser.

 räuspert sich: „Die  hing nur

versehentlich an deinem  !"

Die drei  kichern.

 isst grinsend ein .

„Liebe  , du machst einfach jeden glücklich.

Vielen Dank für das schöne 📕!

Und kommt mich bald wieder

im  besuchen!"

Dann bringt  alle zurück zum .

Im  setzt  ihre   auf:

„Morgen könnten wir kleine  basteln."

„Oder  fressen", gähnt .

„Gute !", miaut .

Rätselseite

Wem schickt Rosa jetzt einen Ballon?

Wer gibt Flöckchen die Herzblumen zu fressen?

B    D    H

Was baut Mama Hamster mit Rosas Brille?

A    U    N

Wo wohnt die Eule Wanda?

S    M    C

Was macht die Eule Wanda krank?

P    H    E

Welches Wort ergeben die Buchstaben vor den richtigen Antworten?

___ ___ ___ ___

Lösungswort: BUCH

Die Wörter zu den Bildern

Prinzessin Rosa Rosenherz

Schloss

Brille

Herz

Geschenk

Rosenschildkröte Ella

Eule Wanda

Buch

Kuss

Tiere

Wald

Kater Kuschelweich

Bücherregal

Bett

Firlefanzen

Prinzessinnen

Fledermäuse

Eule

Vampire

Luftballon

Gespenster

Fenster

Idee

Sonne

Schrank

Vögel

Spielzeug

Augen

Knie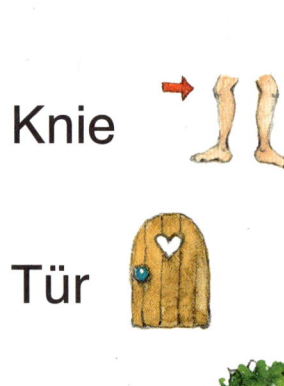

Tür

Bäume

Arm

Kutsche

Himmel

Wiese

Flöckchen

Leiter

Kleid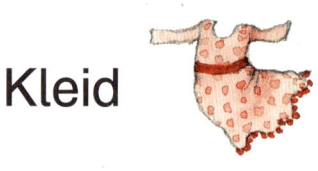

Gesang

Blumenfee Flora

Feen

Herzblume

Blume

Bauch

Hufe

Blätter  Wind

Busch  Blitz

Mama Hamster  Hals

Nest  Taschentuch

Gras  Schnabel

Ast  Saft

Schaukel  Kuchen

Moos Gesicht

Babys  Kopf

Kanne  Bohne

Tee Kuchenstück

Kissen  Nacht

Karussell

Der Bücherbär
Vorschule

Mein LeseBilderbuch

Lilia, die kleine Elbenprinzessin
Das verzauberte Einhorn
978-3-401-71690-9

Mücke, die Zahnfee,
auf Milchzahn-Jagd
978-3-401-71721-0

Erdbeerinchen Erdbeerfee
Ein geheimnisvolles Geschenk
978-3-401-71670-1

Die kleine Waldfee
und die Zauberblume
978-3-401-71633-6

Jeder Band: Ab 5 Jahren • Mein LeseBilderbuch • Durchgehend farbig illustriert • 56 Seiten • Gebunden • Format 17,5 x 24,6 cm

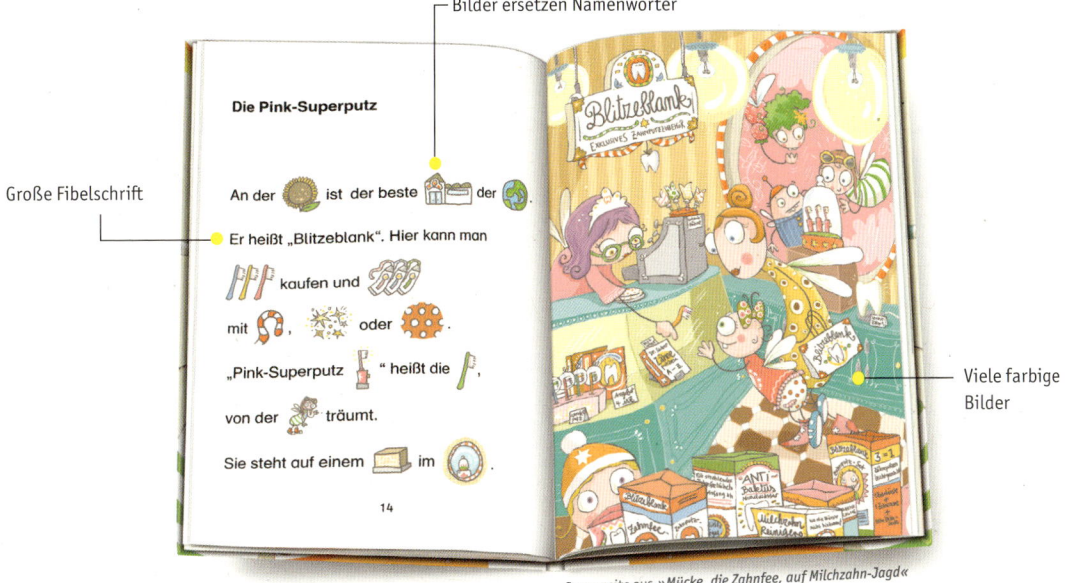

Innenseite aus »Mücke, die Zahnfee, auf Milchzahn-Jagd«
978-3-401-71721-0

Mit Bildern ganz spielerisch lesen lernen! In spannenden Geschichten um eine liebenswerte Figur können schon Kindergarten- und Vorschulkinder von Bild zu Bild mitlesen. So prägen sich Wörter leicht ein und das Lesenlernen macht Spaß!

Empfohlen von **westermann**